LIDERAZGO

Motiva a tus empleados e influye fácilmente en las personas

(Crecimiento personal)

Suyai Tirado

Publicado Por Daniel Heath

© **Suyai Tirado**

Todos los derechos reservados

Liderazgo: Motiva a tus empleados e influye fácilmente en las personas (Crecimiento personal)

ISBN 978-1-989853-53-5

Este documento está orientado a proporcionar información exacta y confiable con respecto al tema y asunto que trata. La publicación se vende con la idea de que el editor no esté obligado a prestar contabilidad, permitida oficialmente, u otros servicios cualificados. Si se necesita asesoramiento, legal o profesional, debería solicitar a una persona con experiencia en la profesión.

Desde una Declaración de Principios aceptada y aprobada tanto por un comité de la American Bar Association (el Colegio de Abogados de Estados Unidos) como por un comité de editores y asociaciones.

No se permite la reproducción, duplicado o transmisión de cualquier parte de este documento en cualquier medio electrónico o formato impreso. Se prohíbe de forma estricta la grabación de esta publicación así como tampoco se permite cualquier almacenamiento de este documento sin permiso escrito del editor. Todos los derechos reservados.

Se establece que la información que contiene este documento es veraz y coherente, ya que cualquier responsabilidad, en términos de falta de atención o de otro tipo, por el uso o abuso de cualquier política, proceso o dirección contenida en este documento será responsabilidad exclusiva y absoluta del lector receptor. Bajo ninguna circunstancia se hará responsable o culpable de forma legal al editor por cualquier reparación, daños o pérdida monetaria debido a la información aquí contenida, ya sea de forma directa o indirectamente.

Los respectivos autores son propietarios de todos los derechos de autor que no están en posesión del editor.

La información aquí contenida se ofrece únicamente con fines informativos y, como tal, es universal. La presentación de la información se realiza sin contrato ni ningún tipo de garantía.

Las marcas registradas utilizadas son sin ningún tipo de consentimiento y la publicación de la marca registrada es sin el permiso o respaldo del propietario de esta. Todas las marcas registradas y demás marcas incluidas en este libro son solo para fines de aclaración y son propiedad de los mismos propietarios, no están afiliadas a este documento.

TABLA DE CONTENIDO

Parte 1 1

Introducción 2

Capítulo 1– Aprenda Acerca Del Campo De Juego 4

TIPOS DE PODERES DE LOS LÍDERES EN UNA ORGANIZACIÓN 5
Poder Autoritario 5
Poder De Recompensa 7
Poder Coercitivo 8
Poder Referente 10
Poder Experto 11
¿QUÉ DEBE HACER EL LÍDER EN SU ORGANIZACIÓN? 12

Capítulo 2– Aprenda Sobre Sus Seguidores 20

¿Quiénes Son Sus Seguidores? 20
¿ES USTED UN LÍDER DE LÍDERES? 21
¿ES USTED UN LÍDER ORGANIZACIONAL? 22
¿ERES EL MÁXIMO LÍDER DE TU ORGANIZACIÓN? 22
Con Grandes Poderes Vienen Grandes Responsabilidades. 23
¿QUÉ QUIERE QUE HAGAN SUS SEGUIDORES? 24

Capítulo 3 - Póngase En Los Zapatos De Sus Seguidores 28

SUS SEGUIDORES ESTÁN ENFOCADOS EN SUS PROPIOS OBJETIVOS.... 29
APRENDA SOBRE SUS SEGUIDORES PONIÉNDOSE EN SU POSICIÓN 30
CREE EL HÁBITO DE ESTAR INTERESADO EN LA VIDA DE OTRAS
PERSONAS 34
ELIJA A LAS PERSONAS CON LAS QUE CONSTRUYE RELACIONES 36

Capítulo 4 - Trate De Hacer Felices A Todos Los Interesados
.... 37

ESTABLECER EXPECTATIVAS MÁS BAJAS CON LOS SUPERVISORES 38
SOBRE PREPÁRESE PARA LA TAREA EN CUESTIÓN 39
ENTREGUE MÁS ALLÁ DE LAS EXPECTATIVAS DE LOS SUPERVISORES.. 40
EVITE TOMAR ROLES DE LIDERAZGO CUANDO LAS EXPECTATIVAS SON
DEMASIADO ALTAS 40

Capítulo 5 - Trabaje En Mejorar Su Reputación 43

MANTENGA A SUS SUPERVISORES FELICES 43
MANTENGA OCULTAS SUS INTENCIONES PERSONALES TANTO DE LOS SUPERVISORES COMO DE LOS SEGUIDORES. 45
ESTABLEZCA LA BASE DE SU LIDERAZGO.. 49
HABLE Y ACTÚE DE ACUERDO CON SUS RASGOS DE LIDERAZGO ELEGIDOS... 50
DEMUESTRE SU ESPÍRITU COMPETITIVO... 51
MANTÉNGASE RELEVANTE EN SUS CÍRCULOS.................................. 53
PROTEJASU TRABAJO E IDEAS DE LOS LADRONES DE CRÉDITOS 55
SI PUEDE, EVITE LOS ARGUMENTOS... 56
ELIJA ACTUAR CON INTELIGENCIA EMOCIONAL................................ 57
CONTROLE SUS EMOCIONES AL INTERACTUAR CON SUS SEGUIDORES 60
LA IRA DEBE USARSE ESTRATÉGICAMENTE 62

Capítulo 6 - Trucos Sutiles Para Influenciar A Las Personas 63

NO SE DEJE ATRAPAR CUANDO ESTÉ ESTUDIANDO A LA GENTE 63
USE LAS PASIONES DE LA GENTE PARA MOTIVARLOS 65
EVITA HACER CRÍTICAS 67
BAJE LA GUARDIA DE SUS SEGUIDORES SIENDO MÁS FÁCIL DE RELACIONAR.. 68
REFLEJAR LAS ACCIONES DE LA OTRA PERSONA 70
INFLUENCIAR A LAS PERSONAS EN FUNCIÓN DE SU NECESIDAD DE CREER 71
ELIMINAR FACTORES CON EFECTOS NEGATIVOS A LA MOTIVACIÓN DEL GRUPO 73

Capítulo 7 - Motivar A Los Seguidores Para Tareas A Largo Plazo 75

HAZ QUE SUS SEGUIDORES PIENSEN QUE SON RECONOCIDOS 76
DELE A SUS SEGUIDORES UNA TAREA QUE SE AJUSTE A SUS HABILIDADES E INTERESES 77
PROPORCIONE RETROALIMENTACIÓN CONSTRUCTIVA, ENTRENAMIENTO ADECUADO Y OPORTUNIDADES DE DESARROLLO PROFESIONAL. 79
MUESTRE A SUS SEGUIDORES CÓMO PUEDEN CRECER DENTRO DE LA ORGANIZACIÓN 81
CREAR UN ENTORNO DE TRABAJO QUE PERMITA PERÍODOS DE

Descanso Regulares 82
Mantener La Confianza De Los Seguidores Hacia Los Líderes De La Organización 83

Conclusión 85

Parte 2 86

Introducción 87

Capítulo 1: Definición De Liderazgo 90

Capítulo 2: Hábitos De Líderes Altamente Efectivos 94

Capítulo 3: Sé Un Líder En El Trabajo 104

Capítulo 4: Construyendo La Confianza Para Liderar 112

Capítulo 5: Trampas De Liderazgo Que Hay Que Evitar 123

Capítulo 6: Una Docena De Formas Más Para Mejorar Tu Liderazgo 131

Conclusión 138

Parte 1

Introducción

Quiero agradecerle y felicitarle por haber descargado el libro.

Este libro contiene pasos y estrategias comprobadas sobre cómo utilizar su influencia para maximizar la productividad de las personas que lo rodean.

Con los consejos de este libro, podrá construir su reputación como un líder efectivo. Podrá comunicar su mensaje a sus seguidores con autoridad. También podrá establecer relaciones importantes que lo ayudarán a hacer mejor su trabajo.

Este libro aborda el liderazgo como un proceso de tratar con las personas. Con los temas tratados en este libro, aprenderá cómo maximizar el compromiso de sus seguidores.

Aprenderá cómo puede aumentar su motivación y enfoque para alcanzar metas a corto y largo plazo. Podrá presionarlos para que trabajen por los objetivos de la organización sin arruinar sus relaciones ni quemar puentes.

Gracias nuevamente por descargar este libro. ¡Espero que lo disfruten!

Capítulo 1– Aprenda acerca del campo de juego

Ser un líder requiere que usted sepa todo sobre la meta de la organización y las tareas necesarias para alcanzar esa meta. Requiere que esté en su mejor nivel para que pueda presionar a otras personas a dar lo mejor de sí.

¿Qué es el liderazgo?

El liderazgo usualmente se refiere a las características de una persona con autoridad. Sin embargo, en este libro, el liderazgo significa mucho más que la posición. Liderazgo significa que tiene ciertos tipos de poderes en su organización y los usa para influenciar a sus seguidores para alcanzar las metas de la organización.

¿Qué significa el liderazgo para su trabajo?

El liderazgo es un proceso altamente complejo que requiere que usted esté consciente de las personas y de las cosas que suceden a su alrededor. Para que conozca sus capacidades de liderazgo, primero debe aprender qué tipos de poderes tiene en la organización.

Tipos de poderes de los líderes en una organización

Poder autoritario

El poder autoritario se refiere al tipo de influencia que viene con la posición. A veces, la mera mención de la posición de la persona hará que una persona sea instantáneamente influyente. Por ejemplo, si usted es unCEOde su compañía, debe esperar que la gente de su compañía escuche cada vez que hable. Si combina este poder con otros tipos de poder que serán tratados a continuación, puede convertirse en un líder eficaz.

Sin embargo, con el tiempo, este tipo de poder se desvanece si no lo respalda con acciones. De vez en cuandonecesita recordarles a las personas que tiene este tipo de poder. Debe recordarles por qué está en dicha posición.

El poder autoritario solo se hace efectivo cuando los seguidores respetan tanto la posición como a la persona que la ostenta. Los seguidores respetan la posición si los anteriores poseedores de esa posición eran respetables. Al instante,respetamos al presidente del país, por ejemplo, debido al peso de la responsabilidad y a los múltiples grandes hombres que han ocupado el cargo en el pasado. La gente también respetará la posición si tiene mucha influencia social. El uniforme de policía, por ejemplo, es un símbolo universalmente respetado por los ciudadanos debido a su poder para servir y proteger.

En la mayoría de los casos, las personas solo respetarán a la persona que ocupa el cargo si él o ella trabajaron para ello. Si él o ella lo robaron a alguien que merecía más el cargo, los seguidores podrían faltar el respeto a la persona que loocupa.

Si a la persona le fue dada la posición sin trabajar para ella, los seguidores pudieran irrespetar ambos.

Poder de recompensa

A veces, una determinada persona gana poder en función de su capacidad para otorgar recompensas. Un maestro, por ejemplo, tiene este tipo de poder sobre sus estudiantes porque controla sus calificaciones.

En el mundo corporativo, este tipo de poder se refiere a la capacidad de proporcionar recompensas monetarias, como bonificaciones. También podría referirse a la capacidad de una persona para influir en la organización acerca de a quién promover.

No necesita tener una posición de liderazgo clave para tener esta clase de poder. Por ejemplo, si está a cargo de la comida en las reuniones, tiene el poder de dar cantidades adicionales de comida a ciertas personas. Si las personas en su reunión valoran lo que usted ofrece, tiene este tipo de poder sobre ellas.

Como líder, debería identificar sus propios poderes de recompensa. Las recompensas son efectivas para aumentar la motivación de sus seguidores, especialmente los que se encuentran en los rangos más bajos de la organización.

Poder Coercitivo

Este tipo de poder se refiere a la capacidad de una persona para imponer castigos. En la unidad más básica de la sociedad, la familia, los padres a menudo tienen este tipo de poder sobre sus hijos. Los padres pueden quitarles los privilegios a los niños y los niños deben respetar los deseos de los padres si quieren mantener los privilegios otorgados.

En el entorno público, los oficiales de policía tienen poderes coercitivos sobre los malhechores. Si una persona infringe la ley, los oficiales de policía pueden tener el poder coercitivo para detener a esa persona. Todos temen ir a la cárcel, así que respetamos a la policía cuando están presentes. En casos de emergencias, obedecemos lo que dicen para evitar su poder coercitivo.

Un efectivo debe reflejarse sobre cuáles son sus poderes coercitivos sobre sus seguidores. En la mayoría de los casos, solo necesita usar este tipo de poder para amenazar a las personas. Sin embargo, en el caso de que necesite usarlo, debe ser capaz de guiar su conversación. Instantáneamente perdería su influencia sobre sus seguidores si descubren que solo está haciendo amenazas vacías.

Poder referente

El poder de referencia se refiere al poder de una persona para ganar respeto basado en sus cualidades personales. En algunos casos, una persona solo gana respeto debido a quién es.

SteveJobs, por ejemplo, tuvo este tipo de poder en Appleen la última parte de su carrera. Independientemente de la función que desempeñó, las personas lo admiraron y siguieron su liderazgo. Este tipo de poder también muestra por qué algunos maestros en una escuela son líderes efectivos, mientras que otros no lo son. Un maestro que es más carismático con sus alumnos tiene más probabilidades de ganarse el respeto que un maestro que abusa de su autoridad.

Para tener este tipo de poder, necesita proteger su reputación, especialmente entre sus seguidores. Es necesario ser confiable a los ojos de sus seguidores. También debe evitar actividades que pudieran afectar negativamente su reputación.

Poder Experto

Por último, también puede ganar poder por ser un experto en su oficio. El poder de expertos es el tipo de poder que los médicos y abogados obtienen instantáneamente de sus pacientes o clientes. Las personas que confían en estas profesiones siguen lo que indican el médico o los abogados debido a su conocimiento en su campo.
En la mayoría de los casos, el poder experto tiene una relación directa con la cantidad de años que una persona ha pasado en la industria. Un entrenador novato, por ejemplo, debería esperar recibir menos respeto que un entrenador veterano. De igual manera, se le considerará un experto en su industria si cuenta con más práctica y experiencia laboral.

Los éxitos y logros pasados también se

suman a su poder experto. Un entrenador que haya ganado un campeonato será considerado mejor que aquellos sin un campeonato. También será considerado un experto en su campo si tiene la reputación de ser un ganador o un triunfador en su campo.

¿Qué debe hacer el líder en su organización?

Ahora que conoce qué tipo de poder tiene sobre sus seguidores, debería identificar qué necesita hacer usando esos poderes. En la mayoría de los casos, debe usar sus poderes de liderazgo para ayudar a la organización a lograr sus objetivos prioritarios.

Una compañía generalmente tiene declaraciones de visión y misión para que todos conozcan sus objetivos. Sin embargo, en algunos casos, las prioridades de la organización no están relacionadas con estas declaraciones. Es un rol de los líderes identificar el verdadero objetivo de la organización y ayudar a dirigir su tiempo, energía y recursos hacia el objetivo.

Como líder, es su rol recordar siempre los objetivos de la organización. Debe mostrar a sus seguidores su comprensión de la meta y estar enfocado en ello día tras día.

Digamos que usted declaró que el objetivo principal de la empresa es duplicar los números de ventas del año pasado. Sin embargo, rara vez se reúne con su equipo de ventas para discutir el rendimiento y las estrategias. Usted también realiza más trabajo administrativo que actividades relacionadas con las ventas. Como resultado, sus seguidores pueden pensar que no está enfocado en la meta.

En contraste, un líder eficaz en esta situación establecería el ritmo al mostrar a sus seguidores cuánto trabajo está realizando. Debe practicar esto en sus roles de liderazgo para demostrar que la meta es su prioridad. Encuentre una manera de demostrar a sus seguidores que está ejerciendo sus poderes de liderazgo únicamente para que la organización alcance su objetivo.

Aprenda acerca de su industria

Además de aprender sobre sus propias habilidades y las prioridades de la organización, los líderes efectivos también aprenden sobre la industria de la que su organización es parte. Si está trabajando para una compañía de tecnología, por ejemplo, conozca las actualizaciones en su industria, especialmente sobre su competencia. Además, tenga en cuenta los cambios económicos y políticos que afectan la capacidad de su organización para alcanzar sus metas. Como líder, también debe tomar nota de los cambios en los factores que afectan la productividad de sus seguidores.

Los líderes eficaces aprovechan toda la información gratuita que pueden obtener. Por ejemplo, podría estudiar los materiales de prensa dentro de la organización. Aprenderá mucho sobre las estrategias de mercadotecnia de su compañía al estudiar cómo interactúa con la prensa.

Aparte de esto, también debe conocer todos los memos y otras formas de comunicación interna. Intenta buscar cambios en las políticas de la empresa. También es ventajoso conocer las posicionesdisponibles en la empresa y las nuevas posiciones que se están creando.

Al asistir a las reuniones trimestrales, por ejemplo, aprenderá mucho sobre el estado actual de su organización. Aprenderá mucho sobre la organización y la industria al relacionarse con otros líderes y seguidores.

Para estar totalmente al tanto de las cosas que suceden en su industria, también debe dedicar una hora de su semana a leer reportajes de noticias sobre sus competidores.

Construya Relaciones

En el proceso de aprender sobre su industria, intente establecer relaciones dentro y fuera de su organización. En su organización, haga un punto para comenzar a establecer relaciones con otros líderes que estén al menos un nivel por encima de usted. Fuera de la empresa, también puede tomarse un tiempo para saber quiénes son las personalidades prometedoras. Le será útil encontrar oportunidades para estar en la misma habitación con ellos y entablar relaciones.

Los líderes eficaces entienden que las relaciones importantes toman tiempo para desarrollarse. Usted no ganará relaciones importantes de la noche a la mañana. Para establecer relaciones profesionales, convierta en un hábito mostrar interés genuino a las personas que más desea conocer. Losnetworkers exitosos muestran un compromiso total cada vez que están en una conversación con las personas con las que desean conectarse. Por ejemplo, siempre mantienen el contacto visual y siempre tienen presencia mental al hablar. También tratan de evitar mirar sus teléfonos o mirar alrededor mientras habla con estas personas.

También es un buen hábito aprender sobre las personas detrás de las posiciones. La mayoría de las personas solo quieren hablar sobre su trabajo y sus estrategias. En lugar de hacer esto, podría ser un buen punto aprender sobre la vida de la persona. Por ejemplo, pregunte acerca de sus familias y sus intereses personales fuera del trabajo.

Mientras interactúa con las personas, también trate de aprender cómo se comunican. También puede observar las señales verbales y no verbales que la persona usa para comunicarse. Al aprender este tipo de información de sus conexiones, podrá leer a las personas de manera más efectiva. Usted será capaz de evaluar si la persona es confiable o no. Podrá identificar las emociones que la persona está tratando de contener.

Obtener los tipos correctos de conexiones le da la posibilidad de pedir favores en el futuro. Si bien la mayoría de nosotros queremos evitar el uso de estos favores, llegará un momento en que necesitará ayuda. Si mantiene una buena relación con las personas que lo rodean, no dudarán en ayudarlo si pueden.

De la misma manera, también trate de ayudar a las personas a su alrededor, si puede. Cuando las personas pidan su ayuda, al menos intente ayudar a esa persona. Debe considerar la cantidad de valor futuro de esa persona para su carrera. Como mínimo, los favores que la gente le debe pueden ser utilizados para ayudarlo a realizar su tarea diaria como líder en su organización.

Capítulo 2– Aprenda sobre sus seguidores

Ahora que conoce el terreno de juego en el que ejercerá su liderazgo, puedecomenzar a centrarse en sus seguidores. En general, quiere saber cuál es la mejor manera de utilizar sus recursos humanos para alcanzar los objetivos de la organización.

¿Quiénes son sus seguidores?
¿Es un colaborador individual?

Debe comenzar por identificar los tipos de personas que lidera. Todas las personas comienzan como contribuyentes individuales en la organización. Si bien esto generalmente incluye las posiciones de nivel más bajo en el organigrama, ya puede comenzar a practicar sus habilidades de liderazgo desde aquí. En este nivel, su objetivo es orientarse para mejorar sus contribuciones individuales a la organización. También puede comenzar a construir su reputación de liderazgo siendo confiable.

¿Es usted un gerente?

Si usted es un administrador de algún tipo en su empresa, es probable que esté liderando un grupo de contribuyentes individuales. Cuando se le asigna un puesto directivo, la empresa asume que ya es un experto en ser un contribuyente. Su objetivo es traducir su conocimiento sobre cómo mejorar el rendimiento individual hacia sus seguidores. Utiliza su experiencia de ser un colaborador para ayudar a otros a ser más productivos y eficientes en su trabajo.

¿Es usted un líder de líderes?

Eventualmente, obtendrá una posición en la que liderará a otros líderes. Las personas en la industria de recursos humanos usualmente obtienen este tipo de trabajo. Idealmente, no debería tomar una posición como esta si no tiene experiencia en ser un gerente / líder de contribuyentes individuales.

¿Es usted un líder organizacional?

Si continúa avanzando en su carrera, tendrá la oportunidad de ser un líder que crea cambios en las políticas de la compañía. Cuando obtiene este tipo de trabajo, ya está liderando funciones y divisiones completas. Estos puestos suelen ser entregados a vicepresidentes de empresas.

¿Eres el máximo líder de tu organización?

Por último, también se le podría asignar la tarea de dirigir organizaciones enteras. Los presidentes o presidentes ejecutivos de empresas tienen este tipo de rol. Este tipo de liderazgo requiere un conjunto diferente de habilidades en comparación con los líderes de nivel inferior.

Para ser este tipo de líder, debe tener una visión de cómo quiere que se convierta la organización. Si la organización ha alcanzado su rendimiento máximo, este tipo de líder encuentra una manera de reinventar la compañía para que se rejuvenezca y continúe creciendo.

Con grandes poderes vienen grandes responsabilidades

A medida que asciende en los rangos de su organización, el impacto de su éxito en su liderazgo aumenta y el alcance de su toma de decisiones aumenta. Si usted es gerente, sus decisiones solo afectan a una sucursal de la empresa. Sin embargo, a medida que pasa a ser director regional, sus decisiones ahora afectarán a varias sucursales en una región específica.

Los riesgos de su toma de decisiones también aumentan. Si comete errores al tomar decisiones, la cantidad de dinero perdido y las consecuencias relacionadas con el negocio son mayores si se encuentra en los escalones más altos de la compañía.

Por último, las personas en posiciones más altas de liderazgo en una organización están a cargo de los cambios que crean efectos a largo plazo en la organización. Los vicepresidentes y los directores ejecutivos son responsables de los cambios a largo plazo que colocan a la organización en posiciones ventajosas cuando compiten en el futuro.

¿Qué quiere que hagan sus seguidores?

Después de identificar a sus seguidores, debe definir lo que quiere que logren. En la mayoría de los casos, los objetivos son dictados por la organización. Si bien la organización puede darle los números de ventas o los objetivos del proyecto, puede cambiarlos de acuerdo con su conocimiento de las capacidades de sus seguidores.

Digamos que la organización quiere que doble la producción de su equipo en el mes siguiente. Sin embargo, eres consciente de que tu equipo tiene el potencial de hacerlo mejor. Puede motivar al equipo para que lo haga mejor que el objetivo requerido por la organización.

Por otro lado, también puede bajar el juego de barras para su equipo si cree que es prudente hacerlo. Digamos que una universidad está presionando a su equipo de baloncesto para que se convierta en campeones estatales. Sin embargo, el entrenador sabe que la hazaña es imposible en el estado actual del equipo. En lugar de apuntar hacia el oro, el entrenador solo motiva al equipo a hacer lo mejor y ganar experiencia. Pueden alcanzar mejores resultados cuando los jugadores hayan adquirido la experiencia necesaria.

Los objetivos de la organización también varían en función de su etapa actual de desarrollo. Una organización que acaba de lanzar requerirá más trabajo. Sin embargo, habrá más hitos en estas empresas en comparación con las organizaciones ya establecidas. Un líder en este tipo de organización tendrá menos recursos. Sin embargo, las expectativas son también considerablemente menores.

Una organización madura, por otro lado, requerirá más administración que liderazgo estratégico. En una organización más antigua, puede ser más importante explorar nuevos mercados, desarrollar nuevos productos y reinventar la cultura de la compañía para rejuvenecerla.

Capítulo 3 - Póngase en los zapatos de sus seguidores

Para convertirse en un líder eficaz, debe influir en las personas a las que dirigepara que trabajen para lograr su objetivo. Quiere que todos los miembros de su organización participen. En algunas ocasiones, deberá motivar a las personas para que sigan realizando las acciones que prescribe, incluso si no lo desean.

Si alguna vez ha intentado liderar personas en el pasado, sabe que las tareas antes mencionadas son más fáciles de decir que de hacer. Muchas razones vienen a la mente de por qué muchas personas fracasan en ser líderes eficaces. Sin embargo, una de las razones recurrentes siempre tiene algo que ver con la distancia entre el líder y sus seguidores.

Sus seguidores están enfocados en sus propios objetivos

La mayoría de las personas piensan que pueden ser líderes efectivos si solo comunican la meta a sus seguidores. Sin embargo, aprenden de la manera más difícil que se necesita más que eso para influir en el comportamiento de otras personas. Si desea influenciar sobre cómo actúan otras personas, primero debe aprender sobre ellas.

La mayoría de las personas son egocéntricas. Se consideran a sí mismos los protagonistas de su propia película. Piensan que cualquier otra persona es un personaje secundario que le ayudará a crear su historia. Es casi imposible cambiar esta forma de pensar.

Sus seguidores tienen una forma de pensar similar. Siempre están pensando en su propio interés. No les importan los objetivos de la organización. A la mayoría de ellos no les importa cuánto trabajaste como líder. En su lugar, están más interesados en trabajar hacia sus propios objetivos personales.

Su trabajo como líder es descubrir los objetivos de sus seguidores. Necesita aprender sobre lo que quieren en la vida. También podría ser útil conocer sus principales prioridades. Al aprender acerca de estas cosas, podrá ajustar su manera de motivar a sus seguidores.

Aprenda sobre sus seguidores poniéndose en su posición

La mayoría de los gerentes están demasiado enfocados en los objetivos de su organización o de su compañía y no piensan en cómo se sienten sus seguidores. Esto generalmente lleva al descontento entre los seguidores y terminan ignorando los objetivos de la compañía.

Por ejemplo, es común que los empleados

descontentos piensen que la empresa no se preocupa por ellos. Quienes se encuentran en los rangos más bajos de las empresas a menudo piensan que el liderazgo nunca ha experimentado su trabajo.

Los empleados descontentos a menudo sienten que son tratados como recursos en lugar de seres humanos.

En la mayoría de los casos, los sentimientos de los empleados están justificados. Losformuladores de políticas en la mayoría de las grandes empresas nunca experimentaron trabajar ocho horas de trabajo manual por día. Como resultado, sus empleados los ven como jefes que necesitan ser seguidos. No son vistos como líderes influyentes.

El liderazgo autoritario solo funciona para proyectos a corto plazo. Sin embargo, si desea influir en las personas a largo plazo, es posible que se requiera un mejor enfoque. Necesita aprender sobre las personas que lideras poniéndose en sus zapatos.

Si quiere que sus seguidores crean en usted, debe hacerles pensar que se preocupa por su bienestar. Para comunicar efectivamente a sus seguidores que los entiende, trate de ver las cosas desde su perspectiva.

Puede hacer esto aprendiendo sobre los pequeños detalles de la vida de sus seguidores. Por ejemplo, en su hora de almuerzo, invite a uno de sus seguidores a almorzar con usted. Mientras come, puede preguntarle sobre su vida personal. También pregúntele dónde vive y cómo llega al trabajo desde su casa. También puede preguntar por su familia. Al hacer esto, instantáneamente construye una relación con sus seguidores.

Algunas personas dudarán en abrirse a usted. Puede hacerles confesar sobre sus vidas personales al dar algunos detalles de su propia vida personal. Esté preparado con historias que sugieran vulnerabilidad. Cuando sus seguidores le ven abrirse, pueden hacer lo mismo.

Cuando esté solo después del almuerzo, podría tratar de imaginar cómo es para esa persona venir todos los días y hacer sus tareas en el trabajo. De esta manera, conocerás las motivaciones de otras personas.

Cree el hábito de estar interesado en la vida de otras personas

A la gente le gusta hablar de ellos mismos. No debe limitar su curiosidad a las personas que lidera. En su lugar, convierta en un hábito interesarse en las vidas de otras personas. Esto le permitirá aprender cómo las vidas de otras personas son diferentes a las suyas. Esto lo expondrá a muchas fuentes de motivación que puede utilizar en sus roles de liderazgo.

Cuando conozca gente nueva, puede pensar en preguntas para hacer. Mientras hablan, esté atento y escuche activamente lo que tienen que decir. Puede mostrar esto mirándolos a los ojos cuando hablan y permitiéndoles que terminen antes de comenzar a agregar sus propios comentarios. Evite imponerse a los demás.

En lugar de dar sugerencias o consejos, entrénese para seguir haciendo preguntas cuando esté en una conversación. Nunca sabe lo que puede aprender preguntando sobre las experiencias de otras personas.

Al aprender activamente sobre las vidas de otras personas, crea una conexión profunda con ellos. La mayoría de las personas le amarán cuando vean su aprecio por su vida y por su trabajo. Debido a que la mayoría de las personas disfrutan hablar sobre ellas mismas, disfrutarán hablando con usted y pensarán que es fácil hablar con usted.

Elija a las personas con las que construye relaciones

Como líder, no tendrá tiempo suficiente para aprender sobre todos sus seguidores. En lugar de almorzar con todos sus seguidores, elija solo un puñado para conectarse. Puede referirse a este grupo de personas como su "grupo de mente maestra". Este grupo debe estar compuesto por seguidores que sean lo suficientemente competentes como para delegarles trabajo.

Capítulo 4 - Trate de hacer felices a todos los interesados

La mayoría de los tipos de roles de liderazgo todavía necesitan tratar con jefes o personas con posiciones más altas. Podemos referirnos a los jefes como supervisores porque supervisan el trabajo de los líderes.Para la mayoría de los gerentes de negocios, por ejemplo, los supervisores son el CEO u otros ejecutivos de la compañía. Para la mayoría de las personas que trabajan por cuenta propia, los supervisores son los clientes. Incluso los CEOs deben tratar con los accionistas de la compañía y asegurarse de que estén contentos con las ganancias de la compañía.

La mayoría de los roles de liderazgo son un acto de equilibrio entre los deseos y necesidades de los supervisores y los deseos y necesidades de los seguidores. El empleado promedio, por ejemplo, solo se preocupa por su pago al final del día. También pueden preocuparse por la hora en que salen del trabajo o la cantidad de días que pueden descansar del trabajo.

Por otro lado, en un negocio regular, los supervisores habituales (ejecutivos y accionistas) quieren que las ganancias aumenten. Quieren maximizar la cantidad de tiempo y la productividad que se pueden exprimir de cada empleado. La mayor parte del tiempo, el conflicto en interés de los supervisores y seguidores es la gran barrera para lograr el éxito de la organización.

Establecer expectativas más bajas con los supervisores

Una vez que asuma la posición de liderazgo, intente tomar el control de las expectativas de los supervisores. Cuando se habla de proyecciones de ganancias para los accionistas, por ejemplo, dígales que la compañía se enfrenta a un año económicamente difícil. Si necesita organizar un evento para la organización, trate de enfatizar las dificultades de organizar el evento cuando se reúna con los supervisores.

Sobre prepárese para la tarea en cuestión

Esto no significa, sin embargo, que pueda reducir sus objetivos o tener un rendimiento inferior. Todavía necesita trabajar duro, incluso si ha reducido con éxito las expectativas del supervisor. Aún debe mostrarles un plan sobre cómo logrará el objetivo que la organización desea. Sin embargo, no debe permitir que los supervisores establezcan metas y objetivos imposibles. Estos tipos de objetivos y metas serán una carga para sus seguidores. Si los objetivos son demasiado difíciles, es posible que tenga que presionar a tus seguidores hacia una existencia similar a la de un esclavo en el trabajo. Esto te hará menos popular. Es mejor establecer un estándar más bajo para los más altos.

Entregue más allá de las expectativas de los supervisores.

Si ha bajado con éxito las expectativas de los supervisores, el siguiente paso es cumplir con su promesa. Al hacerlo, puede obtener recompensas por alcanzar cuotas u obtener bonos de productividad. Satisfará las expectativas de los supervisores porque disminuyen a niveles manejables. También mejora su popularidad entre sus seguidores porque los ha llevado al éxito.

Evite tomar roles de liderazgo cuando las expectativas son demasiado altas

Un líder que toma las riendas de la compañía en una economía en auge está condenado al fracaso. Cuando la economía está en auge, los números de ventas suelen aumentar. Las
ganancias van en aumento a nuevas alturas, al igual que las cuotas y expectativas de los supervisores. Es casi

imposible para los nuevos líderes bajar las expectativas de los supervisores en este punto.

Será más difícil para los nuevos líderes tomar la posición de liderazgo en estos momentos. Cuando comience la parte de "quiebra" del ciclo de auge y caída, se le culpará por el hecho de que la empresa no haya alcanzado sus objetivos, aunque la organización nunca tuvo la oportunidad de alcanzar sus objetivos. Usted será el chivo expiatorio de la empresa y los supervisores para salvar la cara al público y a sus empleados.

Puede tener su reputación dañada más allá de la posibilidad de recuperación. La gente te verá como un fracaso. No considerarán que las probabilidades estaban en contra de usted cuando asumió el papel de liderazgo. Sólo se centrarán en su fracaso.

En su lugar, debe programar su entrada a las posiciones de liderazgo en un momento en que la organización está minimizada. Por ejemplo, cuando toma un puesto de entrenador, es más fácil para un buen entrenador construir su reputación con un equipo de menor rango. Si toma el control de un contendiente de campeonato, cualquier logro por debajo de la meta del campeonato se considerará un fracaso. Si el entrenador toma un equipo perdedor, cualquier resultado mejor que la clasificación del año anterior se considerará un éxito.

Este enfoque de liderazgo se utiliza mejor si está comenzando con su carrera de liderazgo. Es mejor liderar y mejorar las organizaciones con mal desempeño hacia la gloria.

Capítulo 5 - Trabaje en mejorar su reputación

Un líder con una reputación más grande que la vida puede influir en las personas desde el primer día. Si usted es popular como líder, su reputación comenzará a precederle ante sus futuros seguidores. La gente esperará trabajar con usted. Querrán ser su aprendiz porque es considerado una persona importante en su industria.

Para crear este tipo de reputación, necesita planificar su imagen y comenzar a acumular logros.

Mantenga a sus supervisores felices

Es importante mantener contentos a sus supervisores y mantener sus conexiones con ellos. La mayoría de las personas dejan sus trabajos con una mala relación con sus antiguos jefes. Esto suele ser un mal movimiento, la carrera profesional.

Cuando esté en un trabajo o en un puesto en la empresa, intente mantener contentos a los supervisores. A medida que abandona la empresa, es mejor mantener intacta la relación con su supervisor para que aún pueda solicitar una referencia de ellos. También es beneficioso para su carrera evitar cualquier conflicto con ellos porque aún los necesitará en el futuro.

De la misma manera, trate de tener en cuenta los sentimientos de sus supervisores. Al igual que otras personas, los jefes tienden a ser vanos con su reputación. Incluso si hizo todo el trabajo para un proyecto en particular, todavía debe reconocer la participación de sus jefes en el proceso. Trate de darles crédito por el consejo que dieron y sus habilidades para tomar decisiones a lo largo del proceso.
Si usted toma todo el crédito de sus supervisores, sus egos pueden lastimarse y esto puede ir en su contra. Si no les da un

poco de crédito, pueden sentirse celosos de sus logros. Algunos de ellos incluso pueden sentirse inseguros y sentir que usted está tratando de hacerse cargo de sus trabajos.

No desea este tipo de relación con sus supervisores. Desea mantenerlos satisfechos mientras no esté listo para reemplazarlos.

Mantenga ocultas sus intenciones personales tanto de los supervisores como de los seguidores.

Al igual que la empresa o la organización, usted tiene su propio objetivo personal que desea lograr. Debe mantener estos objetivos personales ocultos a sus jefes, así como a sus seguidores. Cuando las personas saben lo que quiere lograr, tienen más posibilidades de manipularle. Conectarán fácilmente su comportamiento hacia sus intenciones. Los jugadores más inteligentes de su organización también podrán adivinar sus próximos movimientos porque saben lo que usted quiere.

Al mantener sus intenciones ocultas a las personas que lo rodean, puede ser más impredecible en su comportamiento. Digamos que algún día quiere convertirse en el CEO de su empresa. El CEO actual sentirá que quiere reemplazarlo en su puesto. Otras personas que aspiren a la posición también sabotearán su éxito para limitar el número de competiciones por el puesto.

Si mantiene sus intenciones ocultas, podrá prepararse para su objetivo sin que la gente se interponga en su camino. Deje que las personas interesadas en la posición se peleen por ella mientras acumula recursos para su campaña, para su objetivo personal.

Puede mantener sus intenciones ocultas a las personas de su organización no hablando mucho de ello. Si desea convertirse en presidente de la compañía, por ejemplo, trate de evitar hablar de ello con las personas que lo rodean.

Si desea en el futuro dejar su trabajo para comenzar su propio negocio, mantenga sus planes para usted mismo hasta que esté listo para separarse de la compañía. La información puede llegar a sus superiores y pueden tratar de demorar su éxito para que no abandone la compañía.

Mantenga sus intenciones guardadas en su mente. Al conversar, algunas personas pueden preguntarle acerca de sus metas personales. Esté preparado con un guion para responder a esta pregunta. En general, puede ser más fácil decirles a estas personas lo que quieren escuchar para que dejen de hacerle preguntas.

Para mantener sus intenciones ocultas, limite sus reacciones cuando hable sobre las cosas que desea. Por ejemplo, cuando hable con su jefe, trate de limitar sus reacciones, cuando hable acerca de promociones, especialmente si no está listo para asumirlas. En su lugar, solo debe mostrar interés en esta cuando esté en posición de tomarla.

Si muestra sus intereses demasiado pronto, las personas que intentan manipularlo pueden intentar usarlo para controlar su comportamiento. Tus jefes y tus seguidores por igual intentarán hacer esto. En el proceso, estará actuando hacia sus deseos en lugar de hacia sus propios objetivos personales.

Establezca la base de su liderazgo

Todos los líderes exitosos tienen valores y principios que se convierten en la base de su liderazgo. Estas cualidades los separan de los líderes amateur. Desde el principio, piense en los valores y principios que desea agregar a su marca de liderazgo.

Entre ellos, debe hacer que la integridad sea la base o la fundación de su estilo de liderazgo. Si actúa con integridad la mayor parte del tiempo, sus seguidores pensarán que pueden confiar en usted. No dudarán de que sus sugerencias y acciones son para el mejoramiento del equipo.

Aparte de la integridad, también incluya productividad y trabajo duro como parte de los valores que mantiene. También puede incluir una actitud ganadora y un espíritu competitivo. También puede incluir el impulso constante de superación personal en la lista.

Depende de usted elegir los valores que

desea incluir en su marca personal de liderazgo.

Hable y actúe de acuerdo con sus rasgos de liderazgo elegidos

Después de elegir los valores y principios que desea que se conviertan en la base de su liderazgo, conviértalos en su guía para tomar decisiones en sus actividades diarias de liderazgo.

Si piensas en la integridad como la base de su liderazgo, por ejemplo, no dirá ni hará nada deshonesto. Siempre elegirá la opción justa y honesta al tomar decisiones. Si quiere que su equipo trabaje duro, también debe incorporar ese rasgo. Demuéstrales que es un líder eficaz trabajando duro. Además, convierta en un hábito ser el primero en llegar a la oficina para la jornada laboral y estar con el equipo cuando más se necesite su liderazgo.

Los líderes cuyas palabras son consistentes con sus acciones son considerados más creíbles y confiables por los empleados. Los estudios demuestran que este tipo de líder es más eficaz para mejorar la moral, la productividad y el compromiso laboral de los empleados.

Por otro lado, los líderes que son vistos como deshonestos crean una atmósfera de desconfianza y cinismo en la organización. Esto lleva a la baja moral y bajo rendimiento de los empleados.

Demuestre su espíritu competitivo

Sólo las personas competitivas son aptas para ocupar puestos de liderazgo. Si no suele ser competitivo, cambie sus maneras para crear una reputación con la que luchará por lo que cree que es correcto. Los supervisores adoran contratar líderes que saben que lucharán por los objetivos de la empresa. A los seguidores también les encanta seguir a líderes competitivos porque este tipo de líderes tienen más posibilidades de tener éxito.

Lo ideal es evitar la competencia en los negocios siempre que sea posible. Esta práctica le permite preservar sus recursos a largo plazo. Sin embargo, hay ocasiones en las que solo necesita competir con otras personas u organizaciones. Cuando se vea en una posición así, prepárese para enfrentar el desafío. Debe aprender a competir para alcanzar los objetivos de la organización. Al mostrar esta característica a sus seguidores, también está creando el mismo espíritu competitivo entre ellos.

Al crear un sentido de competencia, le dará a sus seguidores una razón para seguir siendo persistentes. Despertará la necesidad de ganar entre sus seguidores. Les dará una razón para levantarse cada mañana y comenzar a trabajar.

Para mostrar su espíritu competitivo, intente mostrar persistencia en la acción hacia sus objetivos. El mejor momento para mostrar su espíritu competitivo es cuando usted o su organización se enfrentan a la adversidad. En tiempos económicos difíciles, por ejemplo, la mayoría de la gente renunciaría a alcanzar cuotas de ventas. Un líder competitivo, por otro lado, continuará buscando formas de trabajar hacia el éxito.

El líder puede intentar entrar en un nuevo mercado. También puede usar nueva tecnología para llegar a más personas a quienes vender. El espíritu competitivo por sí solo no garantizará que logrará liderar su organización. Sin embargo, toma un largo camino para motivar a sus seguidores a seguir trabajando arduamente para los objetivos de la organización.

Manténgase relevante en sus círculos

No tendrá ninguna reputación que defender si la gente se olvida de usted. Los líderes eficaces evitan esto a toda costa manteniéndose relevantes en sus círculos.

Muchas personas desdeñan la idea de ser el centro de atención. Trate de adoptar este rol para que siempre lo recuerden las personas que le rodean.

Debe convertirse en el centro de atención de una manera sutil. Por ejemplo, trate de usar sus habilidades y los atributos personales que otras personas no tienen. Por ejemplo, si tiene buena apariencia convencional, úselo como un activo para llamar la atención. También puede usar la moda para mejorar los aspectos únicos de su apariencia.

Protejasu trabajo e ideas de los ladrones de créditos

Debe tener su propio cuadro de responsabilidades cuando trabaje. Este es un cuadro que muestra sus logros durante cada día laboral. Convierta en un hábito informar las tareas que hizo para su empresa a su jefe al final de cada día. Al hacerlo, evita que otras personas tomen el crédito del trabajo que usted realizó.

El mismo nivel de diligencia se debe hacer cuando usted está en una posición de liderazgo. Asegúrese de proteger el trabajo de las personas que le siguen. Debe asegurarse de que se otorga el crédito a la persona adecuada. Si el crédito se traduce en recompensas en la vida real, es importante para sus seguidores que las personas que merecen las recompensas las reciban.

Al proteger las obras e ideas de su grupo contra el robo, usted mejora su reputación entre sus seguidores. Sus seguidores pensarán que usted es digno de confianza y que compartirán sus ideas con usted sin temor a que usted se las acredite.

Si puede, evite los argumentos

Los argumentos son a menudo una pérdida de tiempo. Los líderes que discuten demasiado no hacen el trabajo.
En lugar de ser etiquetado como una persona argumentativa, cree la reputación de ser un hombre o una mujer de pocas palabras. Elija ser conocido como una persona de acción. Sus acciones deben conducir a su éxito.
La mayoría de la gente creará juicios cuando le observen mientras está discutiendo. Otros intentarán usar sus emociones en su contra. Si tiene la reputación de tener mal genio, la gente

usará sus frecuentes ataques de ira para nublar su juicio.

Elija actuar con inteligencia emocional

Cuando lidere a otros, se encontrará con diferentes tipos de personalidades. Algunos de ellos son fáciles para trabajar. Si tiene una opción, debe buscar personas cuyos hábitos de trabajo combinen bien con los suyos.
Sin embargo, en la mayoría de los casos, siempre habrá alguien en el grupo cuyo tipo de personalidad chocará con el suyo. Los malentendidos siempre surgen durante situaciones estresantes. En estos momentos, los líderes eficaces siempre actúan con inteligencia emocional.

La inteligencia emocional le permite actuar objetivamente incluso en situaciones estresantes. Una persona con una inteligencia emocional poco desarrollada se agita fácilmente. Se enoja o se emociona fácilmente, especialmente en situaciones de presión.

Para comenzar a desarrollar su inteligencia emocional, mire hacia atrás en su comportamiento pasado y verifique cómo actúa en situaciones estresantes. Trate de identificar las emociones que proyecta hacia el exterior que pueden dañar sus relaciones en el futuro.

Después de identificar sus reacciones emocionales comunes, intente identificar los desencadenantes de estas emociones. También debe identificar las manías de su mascota para estar más preparado cuando las encuentre en el futuro.

Si identifica exitosamente sus desencadenantes, comience a buscar soluciones a estas reacciones emocionales. Algunas personas, por ejemplo, encuentran que es eficaz alejarse de la situación estresante y pensar antes de tomar una decisión.

Después de recibir noticias negativas, por ejemplo, la mayoría de las personas optan por hacer la primera reacción que les viene a la mente. Algunos llorarían mientras que otros se enojarían.

En el momento en que experimente un desencadenante emocional, es el momento en que es más vulnerable a los arrebatos emocionales. Su objetivo durante estas situaciones estresantes es retrasar el arrebato emocional para que la mente tenga tiempo para procesar las emociones y la situación detrás del mismo. Después de demorar el arrebato emocional, intente encontrar formas de canalizar sus emociones sin ser agresivo con otras personas. Algunos líderes usan el ejercicio para liberar la tensión de sus días estresantes.

Algunas personas también escriben en sus diarios personales sus pensamientos y sentimientos acerca de una situación. A otros les resulta más eficaz comunicarse con sus confidentes. Debe encontrar su propia manera de aliviar el estrés.

Controle sus emociones al interactuar con sus seguidores

La mayoría de los líderes autoritarios utilizan el miedo como una táctica para mantener a sus seguidores a raya. Estos tipos de líderes utilizan la ira y la agresión como su principal forma de lidiar con el estrés.

Si bien el miedo puede funcionar en algunos casos, solo funciona por períodos cortos. Cuando los seguidores están en un estado constante de miedo, tienden a estar más estresados. Esta sensación constante de estrés drena su energía a lo largo de la jornada laboral. Ya no están comprometidos en el trabajo que están haciendo porque solo esperan que cada día termine. El nivel de energía en el lugar de trabajo disminuye cuando el jefe no está observando y la productividad disminuye.

Para un enfoque más sostenible, los líderes efectivos optan por utilizar un enfoque firme pero enriquecedor hacia sus seguidores. En tiempos de estrés, no se comunican con la agresión. En cambio, comienzan cada conversación con empatía. Utilizan guiones como:
"Sé que esto no es fácil para ti" o "Entiendo que estás teniendo dificultades"
Al señalar los cambios que deben realizarse, un líder eficaz no culpa a los demás, sino que trata de centrarse en la solución del problema. En lugar de culpar a la organización o a los empleados, un líder eficaz enfoca la conversación en el resultado que desea y las soluciones para lograrlo.
También debería hacer lo mismo. Al actuar

con inteligencia emocional y controlar su emoción cuando trate con seguidores, está protegiendo su reputación como líder. Los líderes que están tranquilos frente al estrés son los que tienen más éxito en influir en sus seguidores.

La ira debe usarse estratégicamente

Hay momentos en los que se justifica mostrar ira y agresión. En los deportes, por ejemplo, los líderes de equipo generalmente muestran enojo por la situación como resultado de su pasión por el juego. A veces, la ira y la agresión como un signo de pasiones, motivarán al equipo a mejorar.

Sin embargo, solo debes usarlo en situaciones seleccionadas. Antes de mostrar la ira, primero intente evaluar si es realmente la opción más estratégica. Además, debe asegurarse de que su ira o sus actos de frustración no estén dirigidos hacia su propio seguidor.

Capítulo 6 - Trucos sutiles para influenciar a las personas

Como líder, quiere convertirse en un maestro manipulador sin la reputación de serlo. Cuando la gente piense que le gusta jugar juegos mentales, serán cautelosos cada vez que traten con usted.

Su influencia hacia los demás comienza con la forma en que le ven como persona. Quiere que la gente le quiera. Si les gusta lo suficiente, pueden dar paso a sus peticiones y sugerencias.

Quiere que sus seguidores y sus supervisores mantengan la guardia baja cuando tratan con usted. Puede hacer esto creando una impresión de ser más tonto de lo que realmente es. La mayoría de las personas son demasiado vanas para que otros piensen que son tontas.

No se deje atrapar cuando esté estudiando a la gente

Los líderes eficaces no muestran signos de

que están estudiando a otras personas. Cuando observes seguidores clave, sea sutil. De ser posible, solo observe a sus seguidores clave cuando no tengan forma de verle. Podría hacer esto detrás de espejos unidireccionales o a través de cámaras.

Cuando observe a otras personas, su objetivo es descubrir qué los motiva. Con la mayoría de las personas, aprenda esta información simplemente mirando sus cuentas de redes sociales. La mayoría de las personas mostrarán el origen de sus pasiones a través de sus publicaciones personales. Un padre, por ejemplo, publica principalmente sobre sus hijos. Esto puede significar que están trabajando duro porque quieren que sus hijos tengan una buena vida. Es posible que pueda motivar a este tipo de seguidor al otorgar recompensas relacionadas con sus necesidades de crianza.

Por otro lado, una persona que siempre está publicando sobre compras en su cuenta de redes sociales puede amar las cosas lujosas. Él o ella pueden ser fácilmente motivado con recompensas materiales.

Use las pasiones de la gente para motivarlos

Los mejores líderes ajustan sus métodos de motivación en función de la fuente de pasión de la persona que motivan. Las recompensas, por ejemplo, son los tipos más comunes de motivación usadas por los líderes. Sin embargo, las recompensas solo funcionarán para objetivos a corto plazo. Si desea mantener los esfuerzos motivados de sus seguidores, desea alinear los objetivos de la empresa u organización con los objetivos de la persona que está tratando de motivar. Por ejemplo, si está tratando con un hombre de familia, es posible que él quiera ser promovido para poder satisfacer las necesidades futuras de su familia. Si ve evidencia en su observación sobre esa persona de que esto es cierto, debe usar esta información para mejorar el desempeño de la persona en el equipo.

Puede crear un plan paso a paso para que esa persona sea promovida. En el plan, agregue tareas que personalmente quiere que él realice. Luego puede decirle a esa persona que se le considerará para la promoción si cumple las tareas del plan de acción.

Al realizar el método anterior, podrá motivar a la persona para que se desempeñe mejor. Si está considerando más de una persona para la promoción, puede avisarles con anticipación. La persona con el mejor conjunto de habilidades para la posición debe salir en la parte superior.

Evita hacer críticas

Muchos gerentes intentan mejorar el desempeño de otras personas al señalarles los errores que cometieron. Desafortunadamente, a estos gerentes nunca se les informó que la mayoría de las personas no responden bien a las críticas. En lugar de hacerlo bien, las personas tienden a tener un desempeño menos efectivo cuando son criticadas.

Al tratar de influir en los demás, motivará mejor a los demás si evita criticar su trabajo. En lugar de criticar, sugiera alternativas a lo que están haciendo. Por ejemplo, puede señalar que cuando estuvo en su posición, cometió muchos errores. Luego podría elaborar los errores que no desea que se repitan. Al decirlo de esta manera, nunca los critica por sus errores. En cambio, les está diciendo que cometió los mismos errores en el pasado y que pudo mejorar su desempeño al hacer ciertos cambios.

Baje la guardia de sus seguidores siendo más fácil de relacionar

La mayoría de las personas piensan que ser un líder significa que deben mantener una imagen perfecta. Este no es siempre el caso. Si eres demasiado perfecto a los ojos de tus seguidores, es posible que no sigan tu consejo porque no eres muy fácil de relacionarte. La gente suele seguir a los líderes que se ven a sí mismos.
Por ejemplo, es más probable que un grupo de estudiantes siga a un maestro más cercano a su edad en lugar de a alguien significativamente mayor. Es más probable que los maestros más jóvenes vean la situación desde los ojos de los estudiantes. Esta perspectiva compartida le permite al maestro más joven cerrar la brecha entre el maestro mayor y los estudiantes.

Si no se puede relacionar con los ojos de las personas que se supone debe liderar, será difícil motivarlos para que hagan lo que espera. No confiarán en usted y siempre estarán en guardia cuando traten con usted. Cuando su guardia esté levantada, es menos probable que presten atención a sugerencias y consejos.

Para ser más fácil de relacionar con las personas que dirige, debe mostrar signos de que es como ellos. Hay muchas maneras de lograr esto. Por ejemplo, puede elegir ocasiones especiales para vincularse con sus seguidores. Al vincularse con ellos, participe en sus actividades para ser aceptado por el grupo.

También puede hacer esto pasando tiempo con las personas que dirige en los días laborales normales. Por ejemplo, pase la hora del almuerzo con ellos o invite a algunos de los miembros más influyentes del grupo a cenar. Usted podría ganar a esa persona para que él o ella le presenten al grupo.

En casos más extremos, podría reducir la protección de sus seguidores si muestra un signo de vulnerabilidad. Por ejemplo, trata de defender al grupo contra tu propio jefe.

En casos más extremos, podría reducir la protección de sus seguidores si muestra un signo de vulnerabilidad. Por ejemplo, trate de defender al grupo contra tu propio jefe. Haciendoasí, podrá ganarse la confianza de sus seguidores. Si bien esto es efectivo para ganarse la confianza de sus seguidores, también es arriesgado. Los líderes efectivos solo hacen esto cuando están seguros de que su supervisor no se librará de ellos por hacerlo. Si confía en su supervisor, también puede resolver el malentendido solo para ganarse la confianza de sus seguidores.

Reflejar las acciones de la otra persona

Cuando hable con alguien a quien quiera influenciar, use la técnica de reflejo para que la otra persona le agrade. Para utilizar esta técnica, primero observa los pequeños gestos de la persona con la que está hablando. A algunas personas, por ejemplo, les gusta cruzar las piernas de cierta manera. Otros tienen la compulsión de tocarse el cabello cuando están estresados.

Observe las pequeñas cosas que hace la persona con la que está hablando. Después de unos minutos, intente copiar el gesto o manierismo. Además, asegúrese de que la otra persona le esté mirando cuando lo haga.

Cuando refleja los gestos o acciones de otra persona, está demostrando que tiene similitudes con esa persona. La persona con la que está hablando pensará que usted se puede relacionar y aumenta la posibilidad de que sigan lo que usted está diciendo.

Influenciar a las personas en función de su necesidad de creer

Los seres humanos son creados con la necesidad de creer. Esta es la razón por la cual la mayoría de las personas todavía siguen las religiones, aunque no hay pruebas de que existan seres sobrenaturales. Las personas están mentalmente cableadas para tener un sentido de creencia en algo que les apasiona.

Un ejemplo de la necesidad de creer es nuestra necesidad de encontrar un buen líder a seguir. Ciertos tipos de personalidades prefieren seguir a liderar. Si crea una imagen de líder ideal, podrá ganarse estos tipos de personalidad. Esta es la razón por la cual las grandes empresas a menudo cambian su CEO en un momento económico difícil. El nuevo liderazgo crea esperanza en los corazones de la fuerza laboral. La nueva esperanza es más probable que los motive a mantenerse motivados.

Su tiempo para tomar la posición de liderazgo es crucial si desea crear este tipo de efecto entre las personas que dirige. Steve Jobs, por ejemplo, volvió a Apple cuando la Mac luchaba contra otras marcas de PC. Su reingreso a la posición de liderazgo creó una esperanza entre los empleados de Apple a largo plazo. Este ambiente también les dio la posibilidad de contratar nuevos ingenieros para el desarrollo de productos.

Un buen momento para ingresar a una posición de liderazgo es cuando los seguidores existentes están descontentos con el liderazgo actual. Si ingresa a la compañía u organización en este momento, incluso los pequeños logros serán vistos por sus seguidores como grandes ganancias para el grupo. Esto los motivará aún más para hacerlo mejor.

Puede mantener la fe de sus seguidores en usted con ganancias oportunas para la organización. Después de ganar algunas batallas pequeñas con su grupo, tendrán la confianza suficiente para asumir desafíos más grandes.

Eliminar factores con efectos negativos a la motivación del grupo

Como líder, es su trabajo asegurarse de que el entorno laboral sea propicio para el trabajo. Sin embargo, de vez en cuando, encontrará factores que pueden afectar la motivación de sus seguidores de manera negativa. Es común, por ejemplo, que encuentres miembros del grupo que sean pensadores negativos. Cuando los pensadores negativos expresan sus pensamientos, generalmente afectan la motivación de las personas que los rodean. A veces, las personas que atraviesan una fase difícil en sus vidas también pueden crear un sentido de negatividad en el grupo.

Para evitar que estos miembros afecten la motivación del grupo de manera negativa, deshacerse de ellos es una buena opción. Si es posible, también podría despedir a personas que tienden a disminuir la motivación del grupo. Si esto no es posible, al menos, limite sus interacciones con los otros miembros del grupo que está liderando.

Capítulo 7 - Motivar a los seguidores para tareas a largo plazo

Mantener la motivación de los seguidores es uno de los mayores desafíos para los líderes. Los estudios muestran que los seres humanos suelen estar motivados por tres factores:
1. La necesidad de seguridad y supervivencia.
2. La necesidad de pertenecer a un grupo social.
3. La necesidad de alcanzar el máximo potencial.

En el lugar de trabajo, las personas están más comprometidas en sus tareas cuando están trabajando para lograr la tercera necesidad. La primera y segunda necesidad se logran fácilmente. Por lo general, dejamos de trabajar cuando se satisfacen estas necesidades.

La tercera necesidad, por otro lado, requiere un período más largo o compromiso. Cuando las personas trabajan para este nivel de desarrollo personal, buscan la autonomía y el dominio de su oficio. También quieren estar contribuyendo a algo significativo.

Si desea que sus seguidores estén motivados a largo plazo, debe asegurarse de que estén trabajando para este nivel de desarrollo. Si puede hacer esto con éxito, verá un mayor compromiso entre sus seguidores.

Aquí hay algunos consejos sobre cómo hacer que sus seguidores participen más en las tareas que desea que realicen:

Haz que sus seguidores piensen que son reconocidos

La gente se siente más emocionada de ser parte de una organización si el líder les hace sentir que son reconocidos. La forma más fácil de hacerlo es conocer a cada seguidor por su nombre. Si conoce el nombre de una persona, es más probable que se sienta respetado. Este simple truco hará que les gustes. Los hace sentir como

una parte real de la organización.
Puedes hacer esto dando a cada uno de sus seguidores algunas tareas que se adapten a sus habilidades. Asegúrese de felicitarlos si hacen un buen trabajo.

Encuentre maneras de medir y reconocer el esfuerzo que ponen sus seguidores. Puede mostrar su aprecio por ellos agradeciéndoles personalmente por su participación en las actividades de la organización. También puede hacerles saber lo importante que es su trabajo para la organización.

Dele a sus seguidores una tarea que se ajuste a sus habilidades e intereses

Las personas se desconectan de sus trabajos cuando la tarea que se les asigna no coincide con sus intereses y su nivel de habilidad. Si le da a un talentoso una tarea que es demasiado fácil para él o ella, se aburrirá fácilmente. Simplemente harán la tarea rápida para terminar y comenzar a hacer las cosas que son más interesantes para ellos.

Desde la etapa de reclutamiento y contratación, asegúrese de que las personas que contrate tengan expectativas precisas acerca de las tareas para las que se les contratará. Es más probable que se comprometan si conocen la situación de la empresa y el paquete de compensación de la empresa desde el principio.

Si a los empleados se les paga menos de lo que esperan, se sentirán desconectados de los objetivos de la organización.

Proporcione retroalimentación constructiva, entrenamiento adecuado y oportunidades de desarrollo profesional.

Las personas a menudo se sienten excluidas de una organización cuando no ascienden a nuevos rangos. Sin embargo, no puede simplemente dar promociones todo el tiempo para aumentar la moral de sus seguidores. Entre la entrega de promociones, intente hacer que sus seguidores sientan que están creciendo dentro de la empresa. Puede hacerlo de tres maneras simples.

En primer lugar, puede tomarse el tiempo para hacer comentarios constructivos a sus seguidores. En lugar de criticar lo que hicieron mal, concéntrese en lo que deberían hacer la próxima vez para mejorar. Para que sus críticas sean constructivas, cree un sistema para medir el esfuerzo y los resultados de sus seguidores. Muéstrales sus números de desempeño personalmente y dales consejos sobre cómo mejorar.

Si es posible, también debe crear un sistema en el que los miembros más nuevos reciban entrenamiento de los miembros más veteranos. En algunas compañías, por ejemplo, a las personas nuevas en una posición se les da una o dos semanas, siguiendo a un empleado senior. Esto les permite aprender las prácticas de la organización por experiencia.

Los mejores líderes siempre se aseguran de que los entrenadores que asignen tengan también características de liderazgo. Al delegar el entrenamiento de nuevos miembros de la organización, también está capacitando a los entrenadores para que se conviertan en futuros líderes.

Por último, encuentra oportunidades de desarrollo profesional para sus seguidores. La mayoría de las empresas realizan capacitaciones para la certificación de sus empleados. No debe parar ahí. También puede incluir beneficios de educación continua especial para miembros calificados de la organización.

Muestre a sus seguidores cómo pueden crecer dentro de la organización

Los miembros talentosos de su organización siempre tienen la opción de dejar la empresa por pastos más verdes. La desconexión es uno de los primeros signos de que una persona está considerando abandonar una empresa.

Para reducir las posibilidades de que esto suceda, asegúrese de mostrar a sus seguidores cómo pueden crecer dentro de la organización. Puede hacer esto mostrándoles las opciones de carrera dentro de la organización. Debes influenciarlos para que alcancen el lugar más alto antes de abandonar la organización.

Al influir en ellos para mejorar sus jerarquías, es más probable que se comprometan a permanecer en la organización.

Crear un entorno de trabajo que permita períodos de descanso regulares

Encuentre maneras de animar a sus seguidores a descansar bien durante sus descansos. La mayoría de las personas hoy en día, por ejemplo, pasan sus períodos de descanso utilizando las redes sociales. Este tipo de actividad sigue estimulando los sentidos. Esta es la razón por la cual la mayoría de los empleados todavía se sienten cansados después de 20-30 minutos de descanso.
Como líder, debe asegurarse de que sus miembros no se sientan sobrecargados de trabajo. Puede hacer esto asegurándose de que estén obteniendo la cantidad correcta de descanso todos los días. Si es posible, la empresa también debe limitar los alimentos disponibles en la organización a opciones saludables. Las opciones de alimentos más saludables aumentan los niveles de energía de sus

seguidores, mejorando su rendimiento en el trabajo.

Mantener la confianza de los seguidores hacia los líderes de la organización

Las personas comienzan a sentirse desconectadas cuando no confían en sus líderes. Aparte de mantener su propia imagen de integridad, desarrolle la reputación de los líderes principales de su organización. Al hacerlo, le da a sus seguidores alguien a quien admirar. Podría comenzar presentándolos a su CEO. Si el CEO de su organización tiene una buena reputación, será más fácil que sus seguidores sigan a esa persona. Por otro lado, si la organización tiene líderes con poca integridad, los seguidores no tomarán en serio sus palabras. Noticias y anuncios de estos líderes serán recibidos con cinismo.

Si bien no puede controlar la reputación de otros líderes, puede controlar el enfoque de sus propios seguidores. En lugar de hacer que se enfoquen en los líderes malos de su organización, cambie su atención a aquellos que sí tienen integridad. Debe hacer que los líderes con buena reputación sean los representantes de su organización. Esto aumentará la moral de los seguidores porque piensan que sus voces se escuchan en el nivel superior.

Conclusión

¡Gracias de nuevo por descargar este libro! Espero que este libro haya podido ayudarlo a convertirse en un líder más eficaz.

El siguiente paso es comenzar a desarrollar sus habilidades de liderazgo. La única forma de aprender los consejos y trucos de este libro es usarlos diariamente. Puede usar este libro como guía cuando desarrolle su influencia y sus habilidades de liderazgo. Regrese a él regularmente para que recuerde cada lección contenida en él.

Con el tiempo, podrá integrar todas estas lecciones en sus prácticas de liderazgo. Estas habilidades le ayudarán a alcanzar los niveles más altos de su organización.

¡Gracias y buena suerte!

Parte 2

Introducción

Se asume comúnmente, en especial en el despiadadomundo corporativo, que ser un líder es un puesto prestigioso. Ciertamente viene con algunas ventajas; autoridad sobre otros, un aumento de sueldo, beneficios adicionales en la organización y quizás una oficina en la esquina. Sin duda, ascender a una posición de liderazgo en el trabajo puede considerarse un hito y un logro profesional.

En realidad, es bastante engañoso equiparar los indicadores externos de liderazgo con el éxito. El liderazgo es mucho más que el título y los privilegios que lo acompañan. Tener que liderar a otros es un puesto de gran responsabilidad y se requieren ciertos rasgos de personalidad para que una persona se convierta, no solo en un líder competente, sino también en un líder efectivo y, por lo tanto, muy respetado.

Como estás a punto de enterarte, un gran

liderazgo no es simplemente un rasgo de personalidad mítica con el que algunas personas parecen haber nacido. El liderazgo es una habilidad que se puede aprender y perfeccionar. Hay factores que podrían desempeñar un papel en hacer que ciertas personas sean mejores líderes que otras, pero esencialmente cualquier persona puede capacitarse para ser un mejor líder.

En este libro, se te guiará a través de los pasos que puedesdar para ser un mejor líder, al tomar medidas para realizar mejoras en varios aspectos de tu personalidad, carácter y mentalidad. Descubrirás lo que realmente significa ser un gran líder, los hábitos que puedes cultivar para liderarte mejor a ti mismo y a los demás, y los patrones de pensamiento que pueden estar frenándote. Sobre todo, trabajarás en la construcción de una mayor confianza en ti mismo, que es la base de un liderazgo eficaz.

Si bien la mayor parte de la orientación

que se aquí ofrece está orientada a mejorar tu efectividad para liderar en un entorno laboral, encontrarás que estas habilidades son aplicables tanto en tu vida personal como en la profesional.

Capítulo 1: Definición de liderazgo

Una definición básica muy clara de un líder es una persona con seguidores. El hecho de ser un líder sin duda lo coloca en una posición para decirle a los demás qué hacer, pero hay una gran diferencia entre un líder eficaz que es respetado por sus seguidores y un líder solo por título. Antes de que puedas aprender a convertirte en un buen líder, comencemos por entender lo que constituye un buen liderazgo.

Ser líder vs ser jefe

Aunque a menudo asociamos el liderazgo con ser jefe, la idea nunca podría estar más lejos de la verdad. Los jefes son simplemente personas que tienen autoridad sobre un equipo de trabajadores bajo su cargo, mientras que los líderes aspiran a sacar lo mejor de sus seguidores. Considera la siguiente comparación entre líderes y jefes:

Líder	Jefe
• Desarrolla y capacita a otros para que sobresalgan. • Motiva a otros a ser lo mejor. • Reconoce y celebra el éxito como un esfuerzo de equipo. • Hace planes impulsados por una visión de excelencia. • Es respetado, simpatizado y valorado por los seguidores. • La gente trabaja con el líder.	• Instruye a otros para realizar tareas. • Establece reglas e instrucciones para que las sigan los que están bajo su cargo. • Se da crédito por los logros del equipo. • Hace planes para los demás hagan un trabajo. • Es obedecido (a veces temido y resentido) por sus seguidores. • La gente trabaja para el jefe.

Redefiniendo lo que significa liderar

Debido a que el liderazgo se asocia comúnmente con el manejo de la autoridad, cualidades como la inteligencia, la adaptabilidad y la asertividad suelen ser importantes para desarrollar las habilidades de liderazgo. Si bien hay algo de verdad en esto, tal percepción de liderazgo competente es limitante y está desactualizado.

Las actitudes en el mundo laboral están cambiando, las empresas se vuelven menos estructuradas y los roles de trabajo tradicionales se vuelven más oscuros. Como tal, la dinámica superior-subordinado convencional se ve cada vez más como rígida, ineficiente e ineficaz. Esto exige una desviación del liderazgo corporativo autoritativo a favor de un estilo más igualitario y transformador. Diversos estudios realizados por publicaciones de negocios de vanguardia han demostrado que las compañías que se esfuerzan por inspirar, alentar y desarrollar empleados tienden a tener una fuerza laboral de mayor rendimiento.

En resumen, liderar efectivamente significa empoderar a otros para que crezcan y superen sus mejores marcas personales. Para hacerlo, se necesita primero superar los indicadores externos de ser líder y prestar más atención al desarrollo personal del individuo.

Capítulo 2: Hábitos de líderes altamente efectivos

Los grandes líderes se hacen, no nacen. De hecho, el liderazgo efectivo se deriva de la acumulación de buenos hábitos personales que fomentan ciertas cualidades en un individuo, lo que les permite inspirar y guiar a otros a mayores alturas. En esencia, cualquiera puede aprender a convertirse en un líder competente. Comienza con una decisión consciente de cultivar ciertas formas de pensar y hacer las cosas, que luego se practican hasta que se convierten en comportamientos automatizados.

¡Comienza contigo!

Antes de tener la capacidad de liderar a otros de manera competente, primero debes ser tu propio líder y hacerte cargo de tu propia vida. Como ejemplo, veamos la historia de Carl, el limpiador de ventanas:

Carl, de 50 años, es uno de los conserjes de un edificio comercial que albergaba a algunas de las firmas de abogados, tecnología y negocios más prestigiosos de la ciudad. Durante más de una década desde que estuvo empleado, ha mostrado un registro constante para trabajar a tiempo casi todas las mañanas, salvo por emergencias familiares ocasionales y permisos para ir al médico. Como no muestra temor por las alturas, se le ha encomendado que limpie las grandes ventanas de vidrio del piso 20. Todos los días, como reloj, Carl limpiaba las mismas ventanas tres veces; por la mañana, después del almuerzo y antes de regresar a casa. Se asegura que las ventanas estén impecables, porque es su trabajo. Lo hace entendiendo lo importante que es para las empresas que operan en el edificio, proyectar una imagen elegante para los visitantes. La rutina de limpieza de Carl está tan arraigada que ni siquiera tiene que pensar en ello. A lo largo de los años, su ética de trabajo ha llamado la atención de otros conserjes que luego comenzaron a emularlo.

La historia de Carl demuestra cómo es ser el propio líder. Él no tiene un equipo de personal que le responda, ni su trabajo es glamoroso. Sin embargo, Carl entiende que tiene un papel y un propósito que cumplir, por muy pequeño que sea el propósito en el gran esquema de las cosas. Por lo tanto, se encargó de dar lo mejor de sí mismo cada día en el trabajo, predicando con el ejemplo e inspirando a otros a seguir su ejemplo. Carl es por lo tanto un líder.

La moraleja de la historia es que, independientemente de tu posición en la escala corporativa, o de dónde te encuentres en la vida, las habilidades de liderazgo siempre te servirán.

El Plan de Acción de Liderazgo Personal

A estas alturas, ya deberás tener una idea básica de las cualidades que explican el buen liderazgo. La clave es recordar que convertirse en un líder efectivo es una opción, pero implica la acción de parte de uno para cultivar los hábitos y la mentalidad requeridos.

Aquí tienes un plano de lo que deseas incorporar a tu vida diaria cuando aspiras a ser un mejor líder. Asegúrate de seguir los ejercicios sencillos de pensamiento en el transcurso. Dedica un tiempo a pensar en ellos y considera anotar tus pensamientos para hacerlos más concretos. Además, siéntete libre de revisar cualquiera de estos puntos más adelante, si es necesario.

1. Cree y sé apasionado por lo que haces.

Los líderes efectivos inspiran a otros a seguirlos porque tienen pasión y entusiasmo genuinos por lo que hacen. Su pasión proviene de la creencia de que están agregando valor a las vidas de otros. Si sientes que tu trabajo es insignificante y que eres fácilmente reemplazable, sería útil adoptar una "perspectiva más amplia" y reconocer que tienes un servicio que ofrecer.

Ejercicio

Consideratufunción laboral actual y tus responsabilidades. ¿Cómo afecta tu desempeño laboral a las operaciones diarias de la organización en su conjunto? Si se eliminara tu trabajo, ¿cómo afectaría a las personas (clientes) que atiende la empresa?

2. Define tus valores fundamentales y vive por ellos.

¿Alguna vez ha tomado opciones solo para que tus decisiones condujeran a una sensación molesta de inquietud que simplemente pudiste sacudirte? Probablemente te sentiste así porque sabías que las decisiones que tomaste estaban en contra de tus valores fundamentales y de lo que realmente creías que era correcto.

Cuando las acciones de uno están en desacuerdo con nuestra ética, nuestro subconsciente se ocupa de los sentimientos de culpa y precaución, lo que dificulta los pensamientos que conducen a la productividad y el éxito en cualquier esfuerzo. Sin embargo, cuando nuestros pensamientos y acciones están alineados con nuestros valores y ética personales, nuestra conciencia permanece clara. Además, obtendremos más confianza de las personas cuando perciban la integridad en nuestras palabras y acciones.

Ejercicio

Recuerda un momento en el que tomaste una decisión o hiciste algo de lo que no estabas orgulloso, solo por haber acosado tu conciencia. Examina por qué te hizo sentir mal. ¿Fue porque fuiste en contra de tu código de ética personal? ¿Alguien o algo estaba comprometió en el camino? ¿Qué no habrías hecho diferente si pudieras regresar y volverlo hacer todo de nuevo? ¿Cómo podrías asegurarte de no repetir este error en el futuro?

3. Mantener una perspectiva positiva.

No siempre tenemos control sobre lo que sucede en nuestras vidas, pero lo que *siempre* tenemos es el control sobre la forma que elegimos reaccionar ante ello. Alguien con una perspectiva positiva siempre está mirando el lado positivo de las cosas. Además, el optimismo es contagioso y las personas, naturalmente, quieren estar cerca de quienes levantan el ánimo cuando las circunstancias parecen menos deseables.

Ejercicio

Piensa en al menos una situación en la que intentaste realizar una tarea, pero el resultado no resultó tan bien como esperabas. ¿Cuáles son las cosas buenas que surgieron de la situación? Pudo ser una bendición inesperada disfrazada, una lección aprendida o un nuevo descubrimiento que pudiste hacer.

4. Conoce tus fortalezas y cómo utilizarlas.

Todo el mundo es bueno en algo, ya sea una habilidad técnica o suave. Quizás tengas más conocimientos y experiencia en ciertos temas que otros que están a tu alrededor. Saber cómo aprovechar tus fortalezas te da una ventaja sobre los demás, lo que te convierte en una parte valiosa de un equipo.

Ejercicio

¿Cuáles son las habilidades técnicas y suaves que has desarrollado durante tu vida? Es posible que tengas una habilidad técnica, como dibujo, escritura o matemáticas. Quizás eres bueno para mantener las cosas organizadas, o quizás eres un conversador natural. Haz una lista de tus fortalezas y piensa cómo te serán útiles en el trabajo y en tu vida diaria. ¿Dónde podrías estar utilizando tus talentos más plenamente?

5. Mantente dispuesto a admitir tu debilidad y aprender de los errores.

Nadie es perfecto, y los líderes más exitosos no temen el fracaso, reconocen humildemente su falta y aprenden de sus errores. Una de las claves para un liderazgo eficaz y respetable es la disposición de un líder para comunicar sus debilidades, para que otros que sobresalen en tareas particulares puedan ser asignados al equipo.

Ejercicio

Has enumerado tus fortalezas, ahora enumera tus debilidades. Por las debilidades que has enumerado, ¿qué puedes hacer para minimizarlas o mejorarlas? Recuerda un momento en el que tus debilidades dieron un resultado poco deseable para una tarea asignada. Si tales circunstancias volvieran a ocurrir, ¿cómo las habrías manejado de manera diferente?

6. Aprende a demostrar, no a hablar.

Los mejores líderes son los que hacen lo que dicen. No puede inspirar admiración y respeto sin poder respaldar tus afirmaciones con acciones proactivas.

Ejercicio

¿Qué valor crees que aportas al equipo o empresa? ¿En qué te gustaría que mejorara tu equipo o tus compañeros de trabajo? ¿Cómo puedes trabajar para modelar esas cualidades tú mismo, a diario?

Capítulo 3: Sé un líder en el trabajo

Tus habilidades de liderazgo a menudo se ponen a prueba cuando se te encomienda la tarea de dirigir un equipo para realizar un proyecto. Si no tienes la experiencia de estar al mando, la responsabilidad de estar a cargo puede ser desalentadora. La experiencia, sin embargo, es una oportunidad maravillosa para el crecimiento personal y profesional. Por lo tanto, tener la oportunidad de liderar debe tomarse como una prueba de carácter. Después de todo, nunca sabes de lo que eres verdaderamente capaz hasta que te enfrentas al reto.

Follow these leadership guidelines to help you work effectively with your team:
Sigue estas normas de liderazgo para ayudarte a trabajar eficazmente con tu equipo:

1. Conoce a tu equipo

Todos, incluyéndote a ti mismo, tienen fortalezas y debilidades. La clave es crear una sinergia en la que las fortalezas y capacidades de todos en un equipo se complementen entre sí, para lograr un objetivo común. Al conocer lo que cada individuo puede aportar, puedes hacer planes y delegar tareas de manera efectiva.

2. Ten una visión clara.

Como responsable, tu trabajo es crear un camino claro que tu equipo pueda seguir, para lograr sus objetivos conjuntos. Antes de poder involucrar a todos, debes tener claridad y un propósito en lo que te esfuerzas por alcanzar. Una vez que hayas establecido claramente tu objetivo o tus metas, tómate el tiempo para compartirlo con todos los involucrados. Explícales los porqués de tu visión, cómo los beneficiará a su vez y asegúrate de que todos estén en la misma página.

3. Establece objetivos realistas.

Tener una visión, una idea clara del destino al que te diriges, es solo la mitad de la ecuación para llegar realmente a ese punto. El siguiente paso es trazar tu ruta. Establece fechas límite e hitos específicos que sean realistas para todos los involucrados en el equipo. Luego, formula un plan de acción para alcanzar tus objetivos, a los que todos puedan comprometerse. Tener unmapa sólido hacia una meta, le da la dirección al equipo y les asegura a todos, que están bajo la guía de un líder competente.

4. Involucra a todos desde el principio.

La manera más efectiva de lograr que todos compartan la misma visión es tener a todo el equipo involucrado desde el primer día. En lugar de establecer instrucciones para que las sigan, haz que el equipo trabaje junto contigo en el proceso de planificación, antes de pasar a la ejecución. Organiza reuniones donde todos estén invitados a contribuir con sus opiniones, ideas y sugerencias. Fomenta la comunicación abierta y solicita comentarios honestos sobre tus ideas. Lo más importante, estar abierto al cambio. Estar abierto a los comentarios muestra que valoras a cada miembro del equipo y que estás dispuesto a aceptar críticas constructivas.

5. Comunica y escucha.

Parte de ser un líder eficaz es ser un buen comunicador y oyente. En primer lugar, debes poder comunicar claramente a los demás, tuvisión, metas, expectativas, intenciones y fortalezas. A continuación, debes escuchar lo que otros de tu equipo tienen que decir. Nada hace que las personas se sientan más valoradas y, a su vez, motivadas para hacer lo mejor, que cuando se les escucha. Las habilidades de comunicación también incluyen la capacidad de comprender lo que se comunica de manera no verbal, para que puedas crear un entorno de trabajo armonioso y una dinámica de equipo cooperativo.

6. Sé respetuoso y trata a todos como iguales.

El respeto engendra respeto. Nadie puede soportar estar desmoralizado, abatido y hacerlo sentir que sus necesidades no importan. Como líder, fomenta una actitud respetuosa dentro del equipo, especialmente en tus interacciones diarias. Por encima de todo, deja en claro que todos en el equipo son jugadores iguales, y se les debe mostrar respeto sin importar la edad o cualquier otro factor.

7. Mantén comunicaciones constructivas.

La comunicación tranquila y constructiva es el sello distintivo de un buen líder. Te hace más accesible y crea un ambiente cómodo donde todos se sienten cómodos expresando sus opiniones. Ten cuidado de hacer comentarios paternalistas, despectivos y negativos, y asegúrate de que tales modos de comunicación no queden sin control entre otros miembros del equipo.

8. Da crédito a quien le corresponda.

Un líder no sería nada sin sus seguidores. Entonces, tómate el tiempo para reconocer el esfuerzo y celebrar hitos exitosos como equipo. Elogia un trabajo bien hecho y te sorprenderá lo que tu equipo puede lograr. ¡Un equipo feliz es un equipo productivo!

9. Sé transparente.

Transparencia significa dejar que todos se

involucren en todo. Esta práctica puede minimizar la política de la oficina, la tensión dentro del equipo y los tratos turbios. La transparencia debe comenzar con el líder implementando y manteniendo una política de apertura y honestidad entre todos los involucrados. Eso significa que nadie está exento de ciertas reglas o que es favorecido por privilegios, a espaldas de los demás.

10. Empodera a las personas y fomenta la creatividad.

Las personas se motivan para hacer lo mejor que pueden cuando se sienten valoradas y apreciadas por sus contribuciones. Muchos de los líderes más grandes de la historia son muy apreciados porque reconocieron y aprovecharon el potencial de sus seguidores. Además, recuerda que todos tienen partición en el resultado de un proyecto. Entonces, ¿por qué no dejar que cada uno sea su propio líder, animándolos a hacerse cargo de lo que tienen asignado?

Capítulo 4: Construyendo la confianza para liderar

La confianza en sí mismo es la piedra angular del liderazgo. Por lo tanto, desarrollar la confianza merece una atención especial. Para no confundirse con asertividad y arrogancia, la confianza en un líder inspira sentimientos de seguridad y confiabilidad entre los seguidores. Las personas confían en un líder en quien pueden confiar para guiarlos hacia el éxito. Afortunadamente, al igual que muchas cualidades que contribuyen a un liderazgo efectivo, la confianza en uno mismo es un comportamiento aprendido.

Es posible que hayas conocido a personas que tienen más confianza en sí mismas que otras. Esto puede deberse a varios factores: su educación, situación de la vida personal, estatus social, apariencia física y experiencias anteriores. Sin embargo, cualquiera puede hacerse cargo de su autoestima. Al prestar atención y mejorar varios aspectos de ti mismo, puedes mejorar enormemente tu confianza en ti mismo. Aquí hay un ejercicio de aumento de confianza de seis pasos para que lo hagas. Ten en cuenta, sin embargo, que crear confianza no es algo que se pueda hacer de la noche a la mañana, ni hay soluciones rápidas. Es un proceso gradual y continuo.

1. Practica la autoaceptación.

La base de la confianza en sí mismo es sentirse cómodo en su propia piel, sabiendo que tienes habilidades, talentos y capacidades que pueden ser de valor. Entonces, es hora de dejar de subestimarte y de minimizar tus habilidades. La autoaceptación es la base para la confianza, y solo al llegar a un acuerdo con lo que eres (defectos y todo) puedes tener una base para mejorar. Como verás en los pasos posteriores, todos los ejercicios se sumarán para poder mejorar tu autoaceptación. Por ahora, simplemente ingresa a la mentalidad de aceptarte a ti mismo por lo que eres y adopta tu singularidad.

Ejercicio

En el Capítulo 2, enumeraste tus fortalezas y debilidades (si aún no lo ha hecho, ¡hazlo ahora!). Reconoce tus debilidades, pero enfócate en tus fortalezas. Luego, afírmate a ti mismo que tienes suficiente de lo que se necesita para ser tu propio líder y que eres suficiente.

Crea un mantra personal y usa esta autoafirmación siempre que necesites una sacudida en la confianza en ti mismo. Puede ser tan simple como decirte a ti mismo, "¡Puedo hacerlo!" O recordarte a ti mismo de lo que eres capaz de hacer, "soy un programador informático competente. He estado haciendo este trabajo durante casi una década y sigo mejorando en ello". ¿Cuál es tu mantra?

2. Trabaja en tu autoimagen.

Lo que sentimos sobre nosotros mismos tiene mucho que ver con cómo nos vemos. La forma más rápida de cambiar la forma en que te ves a ti mismo es mejorar el factor más notorio: tu apariencia física. Hay algunos aspectos de nuestra apariencia en los que no tenemos control y solo podemos aprender a aceptarlos, como la altura y los rasgos faciales.

Afortunadamente, podemos cambiar muchas de las cosas que nos hacen sentir insatisfechos con la forma en que nos vemos, sin recurrir a medidas drásticas, ya que la mayoría tiene que ver con opciones de estilo de vida. Debe tenerse en cuenta que hacer un esfuerzo por verse mejor no debe equipararse a la conformidad. No necesariamente estás tratando de ajustarse a los estándares de belleza de la sociedad y de los medios de comunicación; solo apunta a lucir lo mejor posible para que te sientas bien contigo mismo cuando te paras frente a un espejo.

Ejercicio

Haz una evaluación honesta de tu apariencia. ¿Cuáles son tus mejores características y de qué estás descontento? Luego, piensa en formas realistas y saludables en las que puedas hacer cambios en tu estilo de vida, lo que a su vez llevará a mejorar tu apariencia externa y tu autoimagen. Sea consciente también de lo que puedes y no puedes cambiar.

Formula un plan de acción que beneficie a tu cuerpo, mente y espíritu. Entre las cosas que puedes hacer están:

- Inicia un nuevo programa de acondicionamiento físico.

- Toma un nuevo deporte

- Cambia tu estilo de cabello.

- Cambia la forma en que te pones el maquillaje.

- Aprende a vestir mejor.

- Comienza un mejor régimen de cuidado de la piel.

- Adoptar hábitos alimenticios más saludables.

- Sé más consistente de tus hábitos de aseo.

- Acuéstate un poco antes.

3. Aprende a ser verdadero contigo mismo.

Vivir fiel a ti mismo significa dejar que tu yo auténtico brille, incluso cuando tus creencias y opiniones están en desacuerdo con la mayoría. A menudo se nos enseña que el mundo entero es un escenario, y todos llevan una máscara para ocultar al mundo ciertas partes de sí mismos. Por lo tanto, no es sorprendente que vivir auténticamente pueda ser una perspectiva intimidante para muchos. Con la práctica, sin embargo, puede finalmente convertirse en una segunda naturaleza.

Ejercicio

Para ser auténtico, no hay forma de evitarlo sino simplemente adquirir el hábito de ser uno mismo. Di lo que piensas, incluso si crees que los demás pueden estar en desacuerdo. Di lo que quieres decir y no lo que piensas que otros esperan saber de ti. Sé honesto acerca de tus gustos y aversiones. Aprenda a decir sí o no cuando sea importante, independientemente de lo que supongasque pensarán los demás. No participes en actividades ni te pongas en situaciones que personalmente no disfrutes. Puede que no sea lo más cómodo al principio, pero quédate con ello. Algún día, mirarás hacia atrás y te agradecerás a ti mismo por haber tenido el valor para vivir con sinceridad.

4. Sé agradecido.

Tendemos a perder nuestro sentido del yo cuando seguimos mirando a los demás y deseamos lo que tienen, descuidando el hecho de que tenemos muchas cosas por las que estar agradecidos en nuestras vidas. Cuando te pones en un estado de gratitud, comienzas a notar y apreciar las muchas bendiciones que te rodean. Mientras más gratitud sientas por lo que tienes, menos probabilidades tendrás de sentir la necesidad de compararte con los demás. Esto a su vez te da un profundo sentido de seguridad en ti mismo.

Ejercicio

Antes de irte a la cama todas las noches, haz una lista de al menos tres cosas que sucedieron durante el día por las que estás agradecido: grandes o pequeñas. Podría ser recibir un acto de amabilidad al azar de un extraño, contar con la ayuda de un compañero de trabajo para resolver un problema menor con la computadora, o simplemente el hecho de que tu día transcurrió sin problemas. Si realmente estás luchando para llegar a algo por lo que estar agradecido, vuelve a lo básico; ¿Comiste esta noche? ¿Tienes una cama cálida para dormir esta noche? ¿Tienes amigos y familiares que se preocupan por ti? Si es así, tienes mucho que agradecer, aunque a menudo damos por sentado este tipo de cosas.

5. Adquiere más conocimientos y mejora tu mismo.

El conocimiento es poder y el día en que dejas de aprender es el día en que dejas de vivir. Tener conocimiento nos ayuda a sentirnos seguros, especialmente cuando conversamos en situaciones sociales. Además, hay muchos beneficios que se pueden obtener al incrementartu banco de conocimientos y continuar mejorando las habilidades en las que has trabajado duro para dominarlas. Una forma más indirecta de continuar aprendiendo y creciendo es ser más receptivo a las percepciones de los demás y a la información que te rodea.

Ejercicio

Dedícate a aprender algo nuevo todos los días y adquiere el hábito de leer al menos un artículo de un sitio web, blog o publicación, en un sitio web que te interese. Lo más importante es averiguar cómo puedes aplicar lo que aprendes en tu vida diaria.

6. Establece pequeñas metas personales.

No hay mayor refuerzo de confianza que el sentimiento triunfante de haber logrado algo por ti mismo. Puedes hacerle un favor a tu moral estableciendo metas pequeñas para tu desarrollo personal y profesional, en las que puedas esforzarte por lograr diariamente o semanalmente. ¡Asegúrate de celebrar tus éxitos recompensándote a ti mismo!

Ejercicio

Este último ejercicio de confianza en sí mismo se basa en los anteriores. Haz una lista de tareas pendientes que quieras lograr y establece un objetivo, con una recompensa que acompañe a cada meta.

Por ejemplo, si tu meta es perder algo de peso y vestirte mejor, puedes establecer un objetivo para seguir una dieta y un plan de ejercicios consistentemente durante tres meses. Cuando se cumpla el objetivo, te recompensarás comprando ropa nueva para tu guardarropa. (Ve el Capítulo 6 para más sugerencias).

Capítulo 5: Trampas de liderazgo que hay que evitar

Errar es solo humano y ser un líder no te hace más perfecto que los demás. Siempre es una buena idea mantenerte controlado y asegurarte de no cometer estos 10 errores de liderazgo. También debes recordarte que, como líder, tu éxito se mide por el éxito de tu equipo.

1. El egotismo: la causa de raíz de la caída de un líder.

Ego es un término en el campo de la psicología que se refiere al autoconcepto de un individuo. Por lo tanto, cuando se dice que alguien tiene un "gran ego", significa que tienen una visión inflada de sí mismo. El egotismo es la necesidad de fomentar, mantener y mejorar las opiniones favorables de uno mismo.

Cuando tus decisiones y acciones están

motivadas por el interés personal, en lugar del mejor interés del equipo, estás actuando por ego. El líder egoísta busca la auto-validación, el reconocimiento público y la satisfacción de varias necesidades egoístas, principalmente a expensas de los demás. Cuando lideras con arrogancia, eventualmente perderás tu efectividad como líder, junto con el respeto de tus seguidores.

2. El no tener metas claramente definidas ni comunicadas.

¿Cuánta confianza pueden depositar las personas en un líder que parece no saber hacia dónde se dirige? Por lo tanto, es importante que los objetivos para los que se supone que está trabajando el equipo, estén claramente comunicados, sin dejar espacio para la confusión.

3. Tener expectativas demasiado altas.

La compasión y la comprensión parecen ser rasgos importantes de liderazgo, que a menudo se pasan por alto. Parte de guiar a otros hacia la grandeza como líder significa perdonar a las personas por sus errores y permitirles aprender su lección. Esperar la perfección de sus seguidores y no dejar lugar a una segunda oportunidad solo hará que las personas teman y resientan, en lugar de respetar tu liderazgo.

4. Apegarse demasiado a una forma de hacer las cosas.

Ser inflexible sobre cómo hacer las cosas, es un viaje del ego que podría dificultar la productividad y el progreso de tu equipo. Si te encuentras estancado, úsalo como una oportunidad para pedirle a tu equipo que juntos contribuyan y formulen una solución. Pedirle ayuda a tu equipo no te convierte en un líder débil; refleja tu humildad y hace que los miembros de tu equipo se sientan valorados.

5. No jugar con las reglas que estableces.

Al establecer reglas y normas que debe seguir el equipo, especialmente cuando se trata de una conducta ética, asegúrate de no ser la excepción a sus propias reglas. De lo contrario, simplemente no estás practicando lo que predicas y a nadie le gusta trabajar con un hipócrita.

6. Utilizar el temor como motivador.

Abstente de utilizar amenazas contra las personas bajo tu cargo para incitarlas. Puedes pensar que decirle a alguien que está dispuesto a perder su trabajo, o que informará de su bajo rendimiento a los altos mandos de la empresa, podría motivarlos a producir su mejor rendimiento. De hecho, presionar a las personas para que hagan el trabajo con tácticas de miedo puede animarlas a actuar sin ética, por desesperación. Basta con echar un vistazo a lo que pasó con los regímenes de dictadura a lo largo de la historia.

7. Jugar el juego de la culpa.

Cuando surgen problemas con respecto a la productividad, un líder debe dar un paso adelante para asumir la responsabilidad y guiar al equipo hacia una solución. Señalar con el dedo a su equipo no se solucionará, pero hará que las personas cuestionen tu competencia. Después de todo, fue tu planificación la que los llevó a donde están, ¿verdad?

8. No abordar problemas con rapidez.

Barrer el polvo debajo de la alfombra no crea una casa limpia, así como los problemas no desaparecerán por sí solos al ser ignorados. Siempre que surjan problemas, ya sea algo que dificulte la productividad o el conflicto entre los miembros del equipo, asegúrate de que esté resuelto y no permitas que se intensifique.

9. Regaños y humillación.

Fomenta una dinámica de trabajo respetuosa entre los miembros del equipo, corrigiendo errores y resolviendo conflictos de una manera civilizada. Gritarle a alguien y gritarlo en público es extremadamente desmoralizador. Recuerda que la negatividad es infecciosa. Ver a alguien en el equipo siendo reprendido, es suficiente para bajar la moral de todos los que presencian el evento y puede hacer que el ambiente de trabajo sea hostil. Sin mencionar que sentirán que están caminando con pies de plomo bajo tu dirección, lo que gradualmente se convertirá en resentimiento.

10. Mostrar favoritismo.

Un trabajo bien hecho merece atención y reconocimiento, pero seleccionar a una persona del equipo como favorito seguramente creará políticas y conflictos innecesarios. No hay nada de malo en fomentar una competencia saludable dentro del equipo, siempre y cuando nadie pierda de vista el objetivo final. Como persona a cargo, puedes asegurarte de que la competitividad entre los miembros del equipo no se exagere, al mantenerse neutral y siendo justo.

11. Proporcionar soluciones en lugar de trabajar en ellas.

Puedes pensar que le estás haciendo un favor al equipo al resolver problemas, creyendo que es más rápido decirle a la gente qué hacer, en lugar de que ellos lo resuelvan por sí mismos. Sin embargo, al "alimentar con cuchara" las soluciones de tu equipo, pierdes la oportunidad de ayudarles a aprender sobre la resolución de problemas. También podrías estar perdiendo soluciones alternativas de otros miembros del equipo, algunas de las cuales pueden ser mejores que las tuyas.

12. Tratar de hacer todo tú mismo.

Si quieres que algo se haga correctamente y con rapidez, la mejor manera es hacerlo tú mismo, ¿verdad? ¡Incorrecto! Cuando intentas hacerlo todo, solo terminarás extendiéndote demasiado. Además, no estás empoderando a las personas cuando tratas de hacerte cargo de tareas que ellos pueden hacerlas mejor que tú. Delega tareas y confía en que la persona que pones a cargo sabe cómo hacer su trabajo.

Capítulo 6: Una docena de formas más para mejorar tu liderazgo

Como ya debes saber, convertirse en un líder efectivo es, de hecho, un proceso de desarrollo del carácter. Comienza con cultivar los hábitos que conducen al éxito personal. A partir de ahí, construyes la confianza para hacerte cargo y predica con el ejemplo. ¡Pero eso no es todo! Ser un buen líder implica una superación continua, de lo contrario, el ego asumirá el control, ocultando las cualidades que inicialmente se ganaron tu respeto como líder.

Esperemos que hayas estado siguiendo de cerca los ejercicios de este libro. Aquí hay algunas sugerencias más, sin ningún orden en particular, para pensar en agregar a tu lista de tareas pendientes, lo que contribuirá a mejorar tus habilidades de liderazgo. Considera incorporarlas a tu estilo de vida.

1. Leer biografías de grandes líderes.

Para ser un gran líder, tienes que pensar y actuar como tal, y ¿qué mejor manera de aprender que de los mejores? Las biografías te brindarán información sobre los principios de liderazgo de una persona exitosa y también su proceso de pensamiento. No te limites a las biografías de los líderes empresariales; diversifica tu lectura para incluir historias de vida de líderes espirituales, sobrevivientes, artistas y mentes pioneras.

2. Prueba algo nuevo y desconocido.

Lee el tipo de libros que nunca has considerado en el pasado. Come alimentos que nunca has probado. Ve una película en un idioma extranjero. Aventurarse en territorios desconocidos es una buena manera de entrenarse para no temer y estar abierto al cambio. ¡Puedes descubrir algo nuevo en el proceso!

3. Atrévete a hacer algo que te asuste.

El éxito se encuentra fuera de tu zona de confort. Por lo tanto, toma valor e intenta hacer algo que siempre haya hecho desfallecer. No tiene que ser demasiado drástico. ¿Tienes miedo de cantar en público? Ve al karaoke con algunos amigos. ¿Tienes fobia a las serpientes? Visita una granja de reptiles. ¿Temes ver películas de terror solo? Hacerlo de todos modos. Sentirás una avalancha de confianza y audacia al superar algo que una vez pensaste que era imposible.

4. Haz algo en lo que has estado postergando.

¿Hay algo que deberías haber hecho hace mucho tiempo, pero sigues posponiéndolo? Ya sea que se trate de una tarea en el trabajo, una tarea en casa, o llamar a un amigo que no has visto en mucho tiempo, es hora de hacerlo. Los líderes son hacedores, no pensadores pasivos.

5. Ordena.

Mantén tu espacio personal y de trabajo organizado y libre de desorden. Te sorprenderás del efecto positivo que tiene en tu moral y productividad.

6. Sé voluntario.

Dar tu tiempo a una causa en la que crees es la mejor manera de llevar tu liderazgo fuera del lugar de trabajo. Además de ayudar a una buena causa, participar activamente en las actividades de una organización sin fines de lucro, es una excelente manera de obtener experiencia de liderazgo y formación de equipos, especialmente cuando recién te estás incorporando a la fuerza laboral. Aún mejor, ofrece estar a cargo de planificar las actividades de la organización. Te sorprenderás al encontrar una gran cantidad de organizaciones sin fines de lucro que dan la bienvenida a la ayuda y a las nuevas ideas.

7. Haz algo pequeño para tu propia mejora todos los días.

No adquieres un hábito de la noche a la mañana, sino gradualmente con el tiempo. Si tienes problemas para adquirir un buen hábito o deshacerte de uno malo, decide hacer algo todos los días, que se acumule con el tiempo. Por ejemplo, si deseas cambiar tus hábitos alimenticios, intenta sustituir un paquete de comida chatarra con una porción de ensalada todos los días, hasta que se convierta en un hábito.

8. Toma un curso de interés propio.

Inscríbete en un curso de pasatiempo en

algo que siempre ha sido de tu interés. Hay muchas escuelas en línea y por correspondencia que ofrecen cursos informativos cortos sobre una multitud de temas, desde psicología infantil hasta idiomas extranjeros. Comenzar y comprometerse con algo por interés propio es un testimonio de tu disciplina individual, que es otra marca de un buen líder.

9. Cambia la forma en que haces algo que te es familiar.

Puede haber cosas que haces todos los días en el trabajo que se han vuelto tan automatizadas e arraigadas que se sienten tan fáciles como respirar. Claro, hay comodidad en la consistencia, pero sin cambios, corres el riesgo de estancamiento.

Piensa cómo puedes cambiar algunas cosas en tu rutina diaria. Nuevamente, no tiene que ser un cambio importante, solo algo para sacudir un poco las cosas. Por ejemplo, si estás acostumbrado a responder los correos electrónicos por la noche, después de haber terminado tu trabajo del día, ¿por qué no intentas hacer esa tarea por la mañana? Puedes descubrir formas más eficientes y efectivas de hacer las cosas.

Conclusión

Como sin duda has visto, hay muchos factores involucrados en el hecho de convertirse en un líder exitoso. Sin embargo, al seguir las normas descritas en este libro, estarás bien encaminado a entrevistar bien y estarás un paso más cerca de convertirte en una persona de influencia que podrá liderar a los demás con confianza y eficacia.

¡Buena suerte!